1판 1쇄 인쇄 2025년 10월 2일
1판 1쇄 발행 2025년 10월 24일

발행인 | 심정섭
편집인 | 문영
편집장 | 최영미
편집자 | 이선민, 이수진
출판마케팅 담당 | 홍성현, 김호현
제작 | 정수호

발행처 | (주)서울문화사
등록일 | 1988년 2월 16일
등록번호 | 제 2-484
주소 | 서울특별시 용산구 새창로 221-19
전화 편집 | 02-799-9375 **출판마케팅** | 02-791-0708
본문 구성 | 박경은 **디자인** | 권규빈
인쇄처 | 에스엠그린

ISBN 979-11-7371-546-4 74800
　　　979-11-6923-876-2 (세트)

ⓒSANDBOX NETWORK Inc. ALL RIGHTS RESERVED.
ⓒ옐언니. ALL RIGHTS RESERVED.

옐언니가 옐린이들에게

아핫!

안녕하세요, 옐린이들~.
옐언니입니다. 아핫!

활동명은 옐언니, 본명은 최예린. 틱톡으로 시작해서
유튜브까지 매년 쑥쑥 성장해 나가는 동영상 크리에이터예요.

이번에도 새로운 책으로 여러분과 만날 수 있게 되어 정말 기뻐요.
〈옐언니 아핫! 맞춤법〉은 우리가 꼭 알아야 할 맞춤법을 재미있는

쇼츠툰 에피소드로 즐기고 숨은 그림도 찾아볼 수 있는, 옐린이를 위한 알차고 신나는 맞춤법 책이에요. 맞춤법, 늘 어렵게 느껴지죠? 하지만 맞춤법은 자신의 생각을 올바르게 표현하고 정확하게 전달하는 데 꼭 필요한 규칙이에요. 맞춤법이 지켜지지 않으면 의사소통에 어려움이 생길 수 있어요. 자꾸 헷갈리고 어렵다고 해서 피하면 안 돼요!

<옐언니 아핫! 맞춤법>은 긍정 에너지 뿜뿜! 엉뚱 발랄한 옐언니, 웃음이 끊이지 않는 옐언니의 엄마와 아빠, 옐언니를 좋아하는 장난꾸러기 원준, 매너 만점 로맨티시스트 현우, 새침하지만 매력 넘치는 지희까지! 개성 넘치는 캐릭터들이 총출동해 심심할 틈 없이 웃음과 감동을 전해요.

처음엔 외울 것도 많고 헷갈리는 단어들이 많아서 힘들 수도 있어요. 하지만 옐언니가 올바른 맞춤법과 다양한 어휘를 즐겁게 공부할 수 있도록 도와줄게요! 우리 모두가 맞춤법 100점을 받는 날까지 옐언니가 힘껏 응원할게요!

그럼 파이팅 아핫!

이 책의 특징

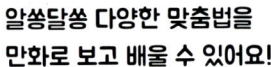

하나!

알쏭달쏭 다양한 맞춤법을 만화로 보고 배울 수 있어요!

맞춤법의 뜻과 문장을 보며 어휘력과 문해력을 키워요.

둘!

맞춤법 만화에 숨어 있는 것들을 찾아 보아요!

정답을 확인하고 맞춤법 문제에 관련된 미니 상식을 읽어요!

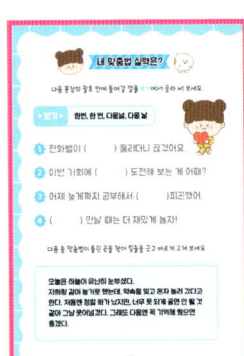

셋!

재밌는 맞춤법 문제와 외래어 맞춤법, 문장 부호도 공부할 수 있어요.

차례

옐언니가 옐린이들에게 • 6
이 책의 특징 & 등장인물 • 8
차례

1장 알쏭달쏭 틀린 맞춤법

- 1화. 애교쟁이 아저씨네 **떡볶이** 집 • 14
- 2화. 예린이의 허겁지겁 **등굣길** • 18
- 3화. 교실 청소는 **깨끗이!** • 22
- 4화. **어이없는** 예린이의 하루 • 26
- 5화. 그게 바로 나였어! **설거지** • 30
- 6화. 원준아, 얼른 **눈곱** 떼고 와! • 34
- 7화. 특별한 비눗방울 **게거품** • 38
- 8화. 배가 고픈 드라큘라 **송곳니** • 42
- 9화. 토리가 입은 **빨간색** 조끼 • 46

내 맞춤법 실력은? • 50

2장 비슷하지만 다른 맞춤법

- 10화. 바지를 크게 **늘이다** VS **늘리다** • 54
- 11화. 예린이 공부를 **가르쳐요** VS **가리켜요** • 58
- 12화. 선물을 택배로 **붙이다** VS **부치다** • 62
- 13화. **반드시** VS **반듯이** 널 데리러 올게 • 66
- 14화. 아기 새가 알을 **낳다** VS **낫다** • 70

- 15화. 얼굴이 그림이랑 다르다 VS 틀리다 • 74
- 16화. 원숭이가 새끼를 업고 VS 엎고 있어요 • 78
- 17화. 지각 위험! 교실 문이 다치다 VS 닫히다 • 82
- 18화. 엄마! 큰일이야! 어떻게 VS 어떡해 • 86
  내 맞춤법 실력은? • 90

3장 의미가 달라지는 띄어쓰기 맞춤법

- 19화. 엄마! 큰소리 VS 큰 소리로 야단치지 말아요! • 94
- 20화. 너 왜 이렇게 못됐니 VS 못 됐니! • 98
- 21화. 너 때문에 청소를 못 해 VS 못해! • 102
- 22화. 빛나는 우정이 눈부시다 VS 눈 부시다 • 106
- 23화. 배가 고픈 끄미의 우는 소리 VS 우는소리 • 110
- 24화. 진짜 한번 VS 한 번만 해 보고 싶어! • 114
- 25화. 할머니! 밥은 쥐꼬리 VS 쥐 꼬리로 주지 마세요! • 118
- 26화. 원준이같이 VS 같이 자주 먹을 거야? • 122
- 27화. 다음날 VS 다음 날에는 산책 가요! • 126
  내 맞춤법 실력은? • 130

한눈에 보는 외래어 맞춤법 • 132
한눈에 보는 문장 부호 • 133

숨은 그림 찾기 정답 • 134
〈내 맞춤법 실력은?〉 정답 • 137

떡뽀끼 VS 떡볶이

등굣길 VS 등교길

어이없어 VS 어의없어

눈곱 VS 눈꼽

송곳니 VS 송곳이

게거품 VS 개거품

설겆이 VS 설거지

1화

애교쟁이 아저씨네 ~~떡뽀기~~ 떡볶이 집

어휘력 쑥쑥

떡볶이의 '떡볶'은 떡을 볶은 음식이라는 뜻이에요.
단어 뒤에는 '이'와 '기'가 올 수 있는데 '_____기'는 '말하기',
'노래하기'처럼 어떤 행위를 나타내는 단어일 때 쓰이고,
'_____이'는 '먹이', '목걸이'처럼 구체적인 사물을
나타내는 단어 뒤에 쓰여요.

떡볶이 먹으러 왔어요.

간판도 귀엽지 않니?

귀여운 간판과는 다르게 무서운 인상의 떡볶이 집 아저씨.

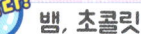

왜 떡뽀끼로 들릴까?

떡볶이는 '떡'의 받침 'ㄱ'과 '볶이'의 첫소리 'ㅂ'이 만나 소리가 더 세게 나서 [떡뽀끼]처럼 들려요.

이렇게 말을 할 때 입에 힘을 꽉 주고 내는 센소리를 한국어 발음 법칙에서 된소리라고 해요. 받침 있는 말 뒤에 첫소리로 'ㄱ, ㄷ, ㅂ, ㅈ'이 오면, 입에 저절로 힘이 들어가서 센소리 (ㄲ, ㄸ, ㅃ, ㅉ) 가 나요!

예린이의 허겁지겁 ~~등교길~~ 등굣길

어휘력 쑥쑥

등굣길은 한자어인 '등교(登校)'와 우리말인 '길'이 합쳐진 낱말로, 학교 가는 길을 뜻해요. '길'이 '낄'로 발음되기 때문에 'ㅅ(사이시옷)'을 넣어 '등굣길'로 적어야 하지요.
만둣국[만두꾹], 하굣길[하교낄]도 같은 이유로 'ㅅ'을 넣어 적어요.

등교 시간 10분 전.

오늘은 과연 나타나려나….

안녕하세요. 교장 선생님.

안녕~ 좋은 아침이지?

사이시옷이 뭔가요?

우리말에는 두 단어가 합쳐질 때 'ㅅ'이 몰래 끼어드는 경우가 있어요. 이때 'ㅅ'을 사이시옷이라고 해요.

*등교 + 길 ▶ 등굣길
*머리 + 결 ▶ 머릿결
*아래 + 집 ▶ 아랫집
*뒤 + 문 ▶ 뒷문
*기차 + 길 ▶ 기찻길

소리가 더 자연스럽게 들리도록 'ㅅ'이 들어가는 거예요.

3화

교실 청소는
~~깨끗히~~ 깨끗이!

어휘력 쑥쑥

'이'와 '히' 중에서 고민될 때는 낱말 뒤에 '~하다'를 붙여 보면 알 수 있어요. 보통 '~하다'가 붙지 않으면 '~이'를 붙여요. 하지만 '깨끗하다'처럼 '~하다' 앞에 'ㅅ' 받침이 있을 때는 '이'를 붙이는 경우도 있어서 주의해야 해요.

휴….

원준아! 깨끗히 정리 좀 하고 그림 그리면 안 될까?

오늘 숙제부터 빨리 해야 돼.

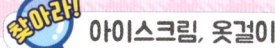

✦ '히'로 끝나는 단어는?

대부분 '~하다'로 끝나는 형용사가 '~히'로 바뀌어요.

솔직하다 ▶ 솔직히
조용하다 ▶ 조용히
간단하다 ▶ 간단히
특별하다 ▶ 특별히
정확하다 ▶ 정확히

* 아래 단어는 외워두면 좋아요!

깊이(O) / 깊히(X)
높이(O) / 높히(X)

~~어의~~ 어이없는 예린이의 하루

어휘력 쑥쑥

'어이없다'는 미처 생각하지 못한 일이 벌어져서 황당하다는 뜻이에요. '어처구니없다'와 같은 뜻이지요.
'어의'는 궁궐에서 임금이나 왕족을 치료하던 의원을 뜻해요.
그래서 '어의없다'라고 쓰는 것은 잘못된 표현이랍니다.

오늘의 숙제 1.
아침에 일어나서 운동하기.

하루 동안 정해진 숙제 실천하기!
아침 공기 정말 좋아.

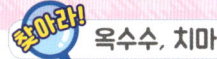

5화

그게 바로 나였어!
설겆이 설거지

 어휘력 쑥쑥

설거지는 밥을 먹고 난 뒤, 그릇을 씻는 것을 말해요.
설거지는 순우리말이에요. 설은 옛날 말로 그릇을 뜻하고,
거지는 '씻다, 닦다'라는 뜻이에요.
'겆이'라는 단어는 없으니 헷갈리지 않도록 주의해요!

짠!
내 꿈은 검사! 미래의 내 모습으로 변신 완료!
찰 칵

약속 시간이 지났는데 아무도 안 오다니!

같은 동네에 사는 우리는 종종 지희의 놀이에 불려 나가곤 했다. 오늘 주제는 '미래의 내 모습' 꾸미기.

순우리말 단어란?

한자어가 아닌 순우리말 단어들은 일상에서 자주 쓰이는데, 뜻이 예쁘거나 재미있는 말이 많아요.

- 일출 / 해돋이
  일출(日出)은 해가 뜨는 것을 뜻해요. 일출의 순우리말은 '해돋이'예요.

- 금성 / 샛별
  금성(金星)은 태양과 달을 빼고 가장 밝은 별이에요. 금성의 순우리말은 '샛별'이에요.

6화

원준아, 얼른 ~~눈꼽~~ 눈곱 떼고 와!

어휘력 쑥쑥

자고 일어나면 눈 옆에 무언가 붙어 있는 느낌이 들죠. 이것은 흔히 '눈곱'이라고 부르는 끈적끈적한 물질이에요. '눈곱'을 발음하면 '눈꼽'처럼 들리지만, 맞춤법에 맞는 표기는 '눈곱'입니다!

아침 먹으려면 눈곱 떼고 세수부터 하고 와~.

아햇 맞춤법

★ 신체 관용어, 이렇게 써요!

- 눈곱만큼도 없다
  눈곱만큼 아주 작은 양도 없다는 뜻이에요.

- 입이 가볍다
  비밀을 잘 지키지 못하고, 남에게 쉽게 말하는 것을 뜻해요.

- 콧대가 높다
  남에게 잘난 체하며 뽐내는 태도가 있다는 뜻이에요.

특별한 비눗방울
게거품

어휘력 쑥쑥

'게거품'은 게가 놀라거나 화가 났을 때 입에서 내뿜는 거품 같은 침이에요. 사람이 너무 화가 나거나 괴로울 때, 입에 거품이 생길 정도로 흥분한 모습을 비유적으로 표현할 때 쓰기도 해요.

아핫! 맞춤법

⭐ '게거품을 물다'는 어떨 때 쓰나요?

'게거품을 물다'는 사람이 너무 화가 나거나 놀라서 입에 거품이 생길 정도로 흥분한 모습을 말해요. '게거품을 물고 화를 내다'라고 써요.

이 표현은 게(바닷속에 사는 동물)가 위험을 느낄 때 입에서 거품 같은 침을 뱉는 모습에서 나온 말이에요.

배가 고픈 드라큘라 ~~송곳이~~ 송곳니

'송곳니'는 앞니와 어금니 사이에 있는 뾰족한 이를 말해요. 뾰족한 도구인 '송곳'과 치아를 뜻하는 '이'가 합쳐진 합성어지요. 낱말을 읽을 때 '이'가 '니'로 발음되기 때문에 소리 나는 대로 표기한 거예요.

*선지: 소의 피를 굳힌 것.

아햇! 맞춤법

⭐ '송곳'의 특별한 쓰임새

• 송곳니를 드러내다
무서운 동물이 위협할 때 쓰는 표현이에요. 사람에게는 화가 나거나 공격적인 모습을 비유적으로 나타낼 때 사용해요.

• 송곳처럼 뾰족하다
'송곳'이 가진 날카로운 모습을 활용해서, 어떤 물건이 아주 뾰족하다고 말할 때 쓸 수 있어요.

토리가 입은 ~~빨강~~ 빨간색 조끼

어휘력 쑥쑥

빨강은 '빨간 빛깔'이라는 뜻이에요. 낱말 안에 이미 '빛깔'이라는 뜻이 들어 있기 때문에 '색'을 따로 붙이지 않아요. 그래서 '빨간색' 또는 '빨강'이라고 써야 해요.
'빨간색' 외에 다른 색들도 조심해야 해요!

영어, 수학, 국어, 과학 예습 끝!

오늘의 학습 목표량 달성!

아, 피곤하다. 이제 조금 쉬어 볼까?

아햇 맞춤법

⭐ 색깔을 알아 보아요.

'빨강', '노랑', '파랑' 등은 색 자체를 가리키는 명사형이기 때문에, 색을 붙이지 않고 써요.

노랑색(x) ▶ 노란색(o)
하양색(x) ▶ 하얀색(o)
파랑색(x) ▶ 파란색(o)
까망색(x) ▶ 까만색(o)

까만색은 검은색과 같은 뜻이에요. 까만색, 검은색은 표준어이지만 검정색은 표준어가 아니에요.

 ## 내 맞춤법 실력은?

맞춤법이 틀린 곳을 찾아 밑줄을 긋고 바르게 고쳐 보세요.

1 나는 매운 떡뽀끼가 좋아요.
➡

2 등교길에 친구를 만났어요.
➡

3 청소를 깨끗히 했어요.
➡

다음 중 올바르게 쓰여 있는 낱말을 찾아 색을 칠해 보아요.

| 설겆이 | 설거지 | 눈곱 | 눈꼽 |

| 송곳니 | 송곳이 | 빨강색 | 빨간색 |

옐린이 필수 맞춤법

옐린이들! 이 맞춤법은 꼭 기억해 두기! 약속

우유곽 vs 우유갑(정답)

갑(匣)은 물건을 담는 상자로, 용기를 뜻해요. 우유가 들어 있는 종이 상자 모양의 용기는 '우유갑'이라고 해요.

굳이(정답) vs 구지

'단단한 마음으로 굳게' 또는 '고집을 부려 일부러'라는 뜻의 '굳이'는 말할 때 '구지'라고 발음되지만 표기는 '굳이'라고 써요.

겁장이 vs 겁쟁이(정답)

겁이 많아 쉽게 무서워하는 사람을 가리킬 때 쓰는 말이에요. 무언가를 자주 하거나, 그런 성격을 가진 사람을 말할 때 '쟁이'를 붙여요.

웃어른(정답) vs 윗어른

위-아래 반대되는 말이 없을 때는 '웃'으로 써요.
'아래어른'이라는 말이 없으므로 '웃어른'이 올바른 표현이에요.

찌게 vs 찌개(정답)

찌개는 냄비 같은 그릇에 국물과 채소, 고기 등을 넣고 양념을 해서 끓인 음식이에요.
김치찌개, 된장찌개 등이 있어요.

역할(정답) vs 역활

역할은 자신에게 맡겨진 책임이나 일, 또는 영화나 연극 등에서 맡은 배역을 뜻하는 한자어예요.

늘이다 VS 늘리다

가르쳐요 VS 가리켜요

붙이다 VS 부치다

낳다 VS 낫다

다르다 VS 틀리다

업고 VS 엎고

다치다 VS 닫히다

10화

바지를 크게 늘이다 VS 늘리다

문해력 쑥쑥

문장으로 뜻을 먼저 생각해 보아요.

늘리다
선생님이 독서 시간을 10분 늘렸어요.

늘이다
고무줄을 잡아당겨서 늘여요.

왜 이렇게 먹어도 먹어도 맛있어.

와삭 와삭

다이어트해야 되는데….

어라? 옷이 작아졌네.

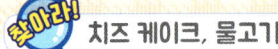

늘리다

물체의 넓이, 부피 등을 원래보다 커지게 한다는 뜻이에요. 또한 숫자나 사람의 능력, 시간에도 쓰여요.

늘이다

'고무줄을 늘이다'처럼 길이나 선 등을 처음보다 더 길어지게 한다는 뜻이에요. 줄, 팔, 몸 등을 쭉 펼 때도 써요.

11화

예린이 공부를 가르쳐요 VS 가리켜요

문해력 쑥쑥

문장으로 뜻을 먼저 생각해 보아요.

가르치다
선생님이 영어를 가르쳐요.

가리키다
저기 건물을 가리켰어요.

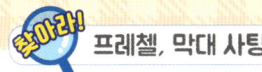

가르치다

'공부를 가르치다'처럼 모르는 내용을 깨닫게 하거나 알려 주는 것을 말해요.

가리키다

'손가락으로 저쪽을 가리키다'처럼 손가락으로 어떤 방향이나 대상을 집어서 보이거나 알리는 것을 말해요.

12화

선물을 택배로
붙이다 VS 부치다

문장으로 뜻을 먼저 생각해 보아요.

붙이다
편지에 스티커를 붙였어요.

부치다
할머니께 편지를 부쳤어요.

공고
일주일 뒤 공주의 생일 때 공주를 기쁘게 하는 선물을 주는 백성에게 백작의 자리를 내리겠다.

*백작의 자리라니!

뭘 보내지?

공주가 반짝이는 걸 엄청 좋아한대.

*백작: 과거 유럽이나 중국 등에서 사용하던 높은 신분.

*가보: 집안에서 대대로 전해 내려오는 귀중한 물건.

야핫 맞춤법

⭐ **붙이다**

'스티커를 붙이다'처럼 맞닿아 떨어지지 않게 한다는 뜻과, '불을 붙이다'처럼 불을 일으켜 타게 한다는 뜻이 있어요.

⭐ **부치다**

편지나 물건을 다른 사람에게 보낸다는 뜻이에요. 또는 '달걀을 부치다'처럼 프라이팬에 음식을 익힐 때도 써요.

*인상착의: 사람의 첫인상과 입은 옷.

반드시 VS 반듯이
널 데리러 올게

문장으로 뜻을 먼저 생각해 보아요.

반드시
약속은 반드시 지켜야 해요.

반듯이
의자에 앉을 때는 반듯이 앉아요.

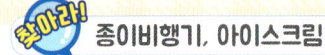

🍼 아햇! 맞춤법

✦ **반드시**

'틀림없이, 꼭'이라는 뜻으로, 어떤 어려움이 있더라도 무언가를 해야 할 때 쓰는 말이에요.

✦ **반듯이**

'비뚤지 않고 바르게'라는 뜻으로, 물건이나 사람의 생각, 행동이 비뚤어지지 않고 똑바른 상태를 말해요.

아기 새가 알을
낳다 VS 낫다

문해력 쑥쑥

문장으로 뜻을 먼저 생각해 보아요.

낳다
엄마가 동생을 낳았어요.

낫다
심한 감기가 다 나았어요.

안녕~ 끄미야, 잘 잤어?

일찍 일어났네.

어제 세탁한 침대 이불.

헉… 설마 끄미?

아햇 맞춤법

⭐ 낫다

병이나 상처가 고쳐지거나, '한 명보다 두 명이 낫다'처럼 '~보다 더 좋다'라는 뜻이에요.

⭐ 낳다

'아기를 낳다'처럼 출산의 의미와 '좋은 결과를 낳다'처럼 어떤 일의 결과를 나타내는 말이에요.

15화

얼굴이 그림이랑 다르다 VS 틀리다

문장으로 뜻을 먼저 생각해 보아요.

다르다
언니와 나는 성격이 달라요.

틀리다
이 문제의 답을 틀렸어요.

친구 그리기

오늘은 친구를 그려 볼 거예요.

한 조에 네 명이고 한 명이 모델로 나와 주세요.

여기서 모델 할 사람은 나밖에 없지? 내가 할게.

엥…

어, 지희네.

아햇! 맞춤법

⭐ **다르다**

비교되는 두 대상이 서로 같지 않다는 뜻이에요. '다르다'의 반대말은 '같다'예요.

⭐ **틀리다**

셈이나 사실이 맞지 않을 때 쓰는 말이에요. '틀리다'의 반대말은 '맞다' 또는 '옳다'예요.

16화

원숭이가 새끼를
업고 VS 엎고 있어요

문해력 쑥쑥

문장으로 뜻을 먼저 생각해 보아요.

업다
엄마가 동생을 업고 있어요.

엎다
물컵을 엎어서 책이 젖었어요.

여기는 아마존 정글.

가도 가도 숲이네. 길을 잃은 건 아니겠지? 배고파~.

소리 들려? 동물도 아마존에 많이 사나 봐.

푸드덕   꺅-   꺅-

어, 저기 뭔가 있어!

앗! 저기 나무 위에!

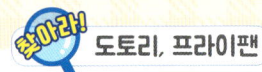

아핫! 맞춤법

⭐ **엎다**

'그릇을 엎어 놓다'처럼 물건을 거꾸로 돌려 위가 아래로 향하게 하는 것을 말해요. 그릇을 넘어뜨려 내용물을 쏟았을 때도 쓸 수 있어요.

⭐ **업다**

'아기를 등에 업다'처럼 사람이나 동물의 등에 붙어 있는 것을 말해요.

17화

지각 위험! 교실 문이
다치다 VS 닫히다

문해력 쑥쑥

문장으로 뜻을 먼저 생각해 보아요.

다치다
자전거를 타다가
다쳤어요.

닫히다
문이 세게
닫혔어요.

오전 8시 예린이 집.

으악! 벌써 시간이 이렇게 되었네.

엄마, 저 먼저 가요!

밥 안 먹어?

괜찮아요! 오늘 지각하면 큰일 나요!

오늘부터 지각 벌칙이 있다고요!

★빡!!★

다치다

몸이나 마음에 상처를 입는 것을 말해요. 주로 사고나 부딪힘 때문에 생긴 아픔을 나타낼 때 쓰는 말이에요.

닫히다

열려 있던 것이 스스로 또는 누군가에 의해 닫아지는 것을 말합니다. 주로 문이나 창문처럼 열리고 닫히는 것에 사용돼요.

18화

엄마! 큰일이야!
어떻게 VS 어떡해

 문해력 쑥쑥

문장으로 뜻을 먼저 생각해 보아요.

어떻게
이거 어떻게 하는 거야?

어떡해
친구가 울고 있어 어떡해.

특별한 점심 식사를 만들어 볼까?

오늘은 즐거운 토요일~.

캠핑 온 것처럼 마당에서 먹을 거예요~.

끄미야, 놀러 온 것 같지?

잔디 카레

촉촉한 숯불갈비

아현 맞춤법

어떻게

일이나 무언가를 할 때 방법이나 상태를 물어보는 말이에요. '어떻게?'라고 물으면 '어떤 방법으로?' 또는 '어떤 상태로?'라는 뜻이에요.

어떡해

곤란하거나 걱정되는 말이 있을 때 쓰는 말로 '어떻게 해야 하지?'라는 뜻이에요.

 ## 내 맞춤법 실력은?

다음 문장에서 알맞은 맞춤법을 찾아 동그라미 해 보세요.

Quiz 1
이번에는 (반드시 / 반듯이) 맞춤법 공부를 열심히 할 거예요.

Quiz 2
선생님이 어려운 문제를 (어떡해 / 어떻게) 풀어야 하는지 알려 주셨어요.

Quiz 3
엄마가 나에게 어려운 수학 문제를 (가르쳐 / 가리켜) 주셨어요.

Quiz 4
아빠가 나를 (업어 / 엎어) 주셨어요.

Quiz 5
택배를 (부치러 / 붙이러) 우체국에 가요.

 # 옐린이 필수 맞춤법

비슷해 보여도 뜻이 다 달라요! 꼼꼼히 확인하기! 약속

섞다
'밀가루에 달걀을 섞다'처럼, 두 가지 이상을 한 곳에 합치는 것을 말해요.

썩다
'고기가 썩다'처럼 세균 때문에 음식에서 안 좋은 냄새가 나고 모양이 변하는 것을 말해요.

새다
'종이컵 아래로 물이 새요'처럼, 구멍 사이로 기체나 액체가 밖으로 나오는 것을 뜻해요.

세다
'사과 열 개를 세다'처럼 사물의 수를 세거나 '기운이 세다'처럼 힘이 많다는 뜻이에요.

집다
손가락이나 발가락 또는 도구를 사용해 물건을 잡아서 드는 것을 말해요.

짚다
바닥이나 벽, 지팡이 등에 몸을 의지하거나, 손으로 머리를 가볍게 누를 때 써요.

빗다
머리카락을 빗으로 가지런히 정리하는 것을 말해요.

빚다
가루를 반죽해 만두, 송편 등을 만드는 것을 말해요. 흙을 반죽해 도자기를 만들 때도 써요.

큰소리 VS 큰 소리

못됐니 VS 못 됐니

못 해 VS 못해

눈부시다 VS 눈 부시다

우는 소리 VS 우는소리

한번 VS 한 번

쥐꼬리 VS 쥐 꼬리

엄마!
큰소리 VS 큰 소리로
야단치지 말아요!

문장으로 뜻을 먼저 생각해 보아요.

큰소리
1등 할 거라고 **큰소리**쳤어요.

큰 소리
큰 소리로 이름을 불렀어요.

거실에 클래식이 울려 퍼지고

멋진 찻잔에 따스한 차 한 잔.

이 여유 정말 좋다.

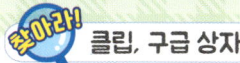

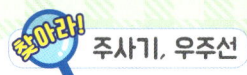

아햇! 맞춤법

⭐ **큰소리**

'큰'과 '소리'가 합쳐진 낱말로, 목청을 높여 야단치는 소리를 뜻해요. 또는 자신 있게 말하거나 허풍을 떨 때도 써요.

⭐ **큰 소리**

소리가 엄청 크다는 뜻으로, '큰 소리로 떠들다', '큰 소리로 웃다'처럼 쓰지요.

20화

너 왜 이렇게
못됐니 VS 못 됐니!

문해력 쑥쑥

문장으로 뜻을 먼저 생각해 보아요.

못되다
친구가 나에게
못되게 말했어요.

못 되다
그는 축구선수가
못 되었어요.

꺅~
크아앙~

잡았다!
맛있겠다~.
먹자! 먹자!

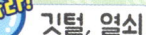

아핫! 맞춤법

⭐ 못되다

'못되게 굴다'처럼 성격이나 행동이 좋지 않거나, '계획이 모두 못되게 꼬였다'처럼 일이 뜻대로 되지 않았을 때 써요.

⭐ 못 되다

'못'이 부정의 뜻을 나타기 때문에 '못 되다'는 '되지 못하다'라는 뜻이에요.

21화

너 때문에 청소를 못 해 VS 못해!

문해력 쑥쑥

문장으로 뜻을 먼저 생각해 보아요.

못 하다
나는 수영을 아직 못 해요.

못하다
언니보다 줄넘기를 못해요.

너랑 나랑 당번이네. 원준이 너는 바닥 청소해. 나는 쓰레기 버리고 올게.

알겠어.

너 저 분...

건성 건성

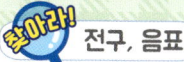

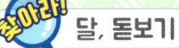

못 하다

어떤 일을 하려고 했지만 환경이나 상태 때문에 할 수 없을 때 '못 하다'라고 띄어 써요.

못하다

'요리를 정말 못해요'처럼 어떤 일을 할 능력이 없다는 뜻으로, 솜씨나 실력이 서투를 때 써요.

빛나는 우정이
눈부시다 VS 눈 부시다

문해력 쑥쑥

문장으로 뜻을 먼저 생각해 보아요.

눈부시다
그의 성공이 눈부셔요.

눈 부시다
햇빛이 너무 환해서 눈 부셔요.

한국 최초 여성 노벨상 수상자가 나왔습니다.

한국 최초 여성 노벨상 수상

그녀는 어려서부터 독서를 좋아하고, 차분한 성격이었으며….

그녀의 눈부신 성과는 대한민국의 미래를 밝힐 등불이 될 것입니다.

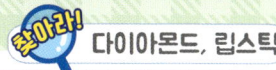

아햇! 맞춤법

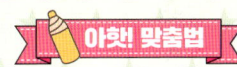

⭐ 눈부시다

'하얀 얼굴이 눈부시다'처럼 빛이 아주 아름답고 화려하거나, 누군가의 활약(활발한 활동)이 뛰어나다는 뜻이에요.

⭐ 눈 부시다

빛이나 색이 강렬해서 바로 보기가 힘들다는 뜻으로, '눈'과 '부시다'를 띄어 써요.

23화

배가 고픈 끄미의
우는 소리 VS 우는소리

문장으로 뜻을 먼저 생각해 보아요.

우는 소리
늑대가 우는 소리를 내어요.

우는소리
원준이는 숙제 때문에 우는소리만 해요.

아햇! 맞춤법

⭐ 우는소리

엄살을 부리면서 곤란한 사정을 늘어놓는 말을 뜻해요. '그 사람은 늘 우는소리만 한다'처럼 써요.

⭐ 우는 소리

눈물을 흘리면서 내는 소리로, '늑대의 우는 소리'처럼 동물이 소리를 낼 때 써요.

24화

진짜 한번 VS 한 번만 해 보고 싶어!

문해력 쑥쑥

문장으로 뜻을 먼저 생각해 보아요.

한번
달리기를 한번 배워 보고 싶어요.

한 번
하루에 한 번 과자를 먹어요.

오늘 착한 일을 많이 한 열언니. 하늘이 내려준 선물인가?

어? 뭐지?

다른 사람이 가진 것 중, 원하는 것을 가질 수 있게 해 주는 빨대를 길에서 주웠다!

다른 사람이 가진 것 중 부러운 것을 빨아 먹을 수 있는 빨대입니다. 착한 당신에게 주는 선물♥

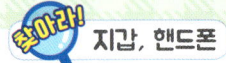

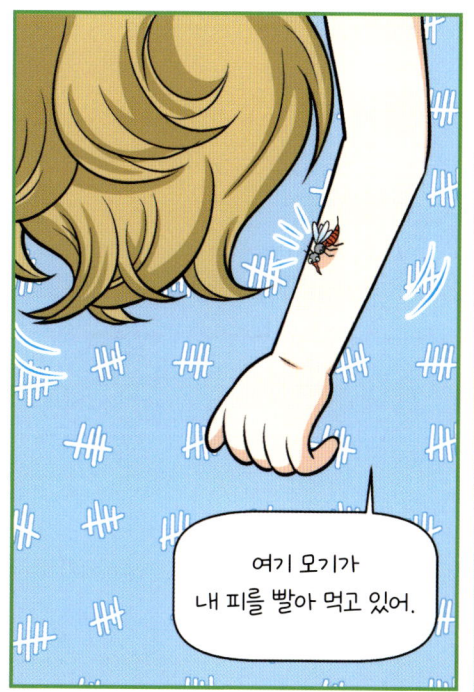

★ 한번

'한번 해 보다'처럼 어떤 일을 시도하거나 기회를 나타낼 때 써요. 또는 '네 말을 한번 믿어 볼게'처럼 강조의 뜻을 나타내요.

★ 한 번

차례를 나타낼 때는 '한 번', '두 번', '세 번'처럼 모두 띄어 써요.

25화

할머니! 밥은 쥐꼬리 VS 쥐 꼬리로 주지 마세요!

문해력 쑥쑥

문장으로 뜻을 먼저 생각해 보아요.

쥐꼬리
용돈이 쥐꼬리만 해서 과자를 못 샀어요.

쥐 꼬리
쥐 꼬리는 길고 가늘어요.

할머니는 아파트보다 포근한 고향의 자연을 좋아하셔서 친구분 댁에 자주 내려가신다.

할머니~ 안녕하세요.

예린이 왔구나.

할머니와 같이 내려온 옐언니.

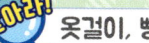

아햇 맞춤법

⭐ **쥐꼬리**

'쥐꼬리만 한 용돈'처럼 아주 작거나 보잘것없는 양이나 수준을 비유적으로 말할 때 써요.

⭐ **쥐 꼬리**

진짜 쥐의 꼬리로, 동물 '쥐'와 그 신체 부위인 '꼬리'를 말할 때 써요.

26화

원준이 같이 VS 같이 자꾸 먹을 거야?

문해력 쑥쑥

문장으로 뜻을 먼저 생각해 보아요.

같이
구름이
솜사탕같이
포근해요.

같이
형과 같이
숙제를 했어요.

난 한입에 이거 다 먹을 수 있어!

말도 안 돼…
거의 한 접시 양인데.

이쯤이야 *식은 죽 먹기지.
떡볶이는 양보 못 해.

꿀꺽

*식은 죽 먹기: 아주 쉬운 일.

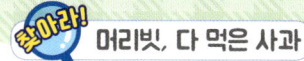

아햇! 맞춤법

⭐ 같이

'친구랑 같이 놀다'처럼 누군가와 함께 무언가를 할 때는 '같이'를 띄어 써요.

⭐ ~같이

'~처럼'과 비슷한 의미로, '그는 사자같이 용감하다'처럼 무언가의 모양, 느낌, 행동을 다른 것에 비유할 때 써요!

다음날 VS 다음 날에는 산책 가요!

문해력 쑥쑥

문장으로 뜻을 먼저 생각해 보아요.

다음날

다음날에 만나면 꼭 여행 같이 가자!

다음 날

오늘 시험이 끝나서 다음 날 친구와 놀러 갔어요.

직장인 아빠의 퇴근 시간.

딩동

어휴, 피곤하다.

여보, 명절 전에 우리 가족 캠핑 한번 다녀오는 거 어때요?

캠핑... 명절 지나고 다음날에 생각해 보자.

아핫! 맞춤법

⭐ **다음날**

'다음날에 만나면 꼭 여행을 가자!'처럼 날짜가 정해지지 않은 미래의 어떤 날을 뜻해요.

⭐ **다음 날**

'시험 다음 날, 놀러 가자!'처럼 정해진 어떤 날의 그 다음 날을 나타낼 때는 띄어 써요.

*궤도: 혜성이나 인공위성이 다른 천체를 돌면서 그리는 길.

 ## 내 맞춤법 실력은?

다음 문장의 괄호 안에 들어갈 말을 보기에서 골라 써 보세요.

> *보기* 한번, 한 번, 다음날, 다음 날

1. 전화벨이 (　　　) 울리더니 끊겼어요.

2. 이번 기회에 (　　　) 도전해 보는 게 어때?

3. 어제 늦게까지 공부해서 (　　　) 피곤했어.

4. (　　　) 만날 때는 더 재밌게 놀자!

다음 중 맞춤법이 틀린 곳을 찾아 밑줄을 긋고 바르게 고쳐 보세요.

> 오늘은 하늘이 유난히 눈부셨다.
> 지희랑 같이 놀기로 했는데, 약속을 잊고 혼자 놀러 갔다고 한다. 처음엔 정말 화가 났지만, 너무 못 되게 굴면 안 될 것 같아 그냥 웃어넘겼다. 그래도 다음엔 꼭 기억해 줬으면 좋겠다.

 ## 어린이 필수 맞춤법

비슷해 보여도 뜻이 다 달라요! 꼼꼼히 확인하기! 약속

잘살다
'돈 걱정하지 않고 잘살다'처럼 재물이 넉넉해 부유하게 산다는 뜻이에요.

잘 살다 ✓
아무런 사고나 문제없이 편하게 잘 지낸다는 뜻을 나타낼 때 쓰여요.

빨아먹다
다른 사람의 돈이나 물건을 자신의 것으로 빼앗는다는 비유적인 말이에요.

빨아 먹다 ✓
'모기가 피를 빨아 먹다'처럼 입속으로 당기거나 혀로 핥아 먹을 때 써요.

갉아먹다
남의 재산을 옳지 못한 방법으로 빼앗아 가거나, 사물이나 시간을 조금씩 써서 없앤다는 뜻이에요.

갉아 먹다 ✓
'갉다'는 뾰족한 끝으로 무언가를 문지르는 것을 뜻하며, '토끼가 상추를 갉아 먹다'처럼 띄어 써요.

한걸음
'조심히 한걸음 내디뎠다' 또는 '꿈을 향한 한걸음'을 말해요. '한걸음에'는 '단숨에, 곧장 가다'라는 뜻으로 쓰여요.

한 걸음 ✓
한 걸음, 두 걸음처럼 실제로 걷는 횟수를 나타낼 때 띄어 써요.

한눈에 보는 외래어 맞춤법

초콜릿 O
초콜렛 X

에어컨 O
에어콘 X

프라이팬 O
후라이팬 X

액세서리 O
악세사리 X

소시지 O
소세지 X

돈가스 O
돈까스 X

소파 O
쇼파 X

도넛 O
도너츠 X

한눈에 보는 문장 부호

문장부호	이름	쓰임
.	마침표	설명하는 문장 끝에 써요.
,	쉼표	단어를 늘어놓거나 누구를 부를 때 써요.
?	물음표	묻는 문장 끝에 써요.
!	느낌표	느낌을 드러내거나 놀라울 때 문장 끝에 써요.
" "	큰따옴표	대화를 쓸 때 문장의 앞뒤로 써요.
' '	작은따옴표	마음속으로 한 말을 쓸 때 문장의 앞뒤로 써요.
……	말줄임표	말을 다하지 않고, 중간에 멈추거나 생략할 때 써요.

문장으로 한 번 더 공부해요!

문장부호	이름	쓰임
.	마침표	나는 오늘 학교에 갔습니다.
,	쉼표	사과, 배, 귤을 샀다.
?	물음표	점심으로 무엇을 먹을까요?
!	느낌표	와, 정말 멋지다!
" "	큰따옴표	"정말 신기하네."
' '	작은따옴표	'배고프다.'라고 마음속으로 생각했다.
……	말줄임표	그때 갑자기 문이 열리는데…….

숨은 그림 찾기 정답

1장 알쏭달쏭 틀린 맞춤법

2장 비슷하지만 다른 맞춤법

1 	2 	3 	4 	5 	6 
7 	8 	9 	10 	11 	12 
13 	14 	15 	16 	17 	18 
19 	20 	21 	22 	23 	24 
25 	26 	27 	28 	29 	30 
31 	32 	33 	34 	35 	36 

숨은 그림 찾기 정답

3장 의미가 달라지는 띄어쓰기 맞춤법

 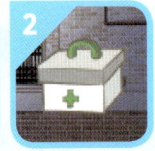 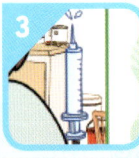   
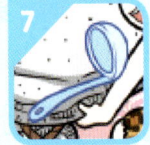     

<내 맞춤법 실력은?> 정답

1장. (50p)

1. 나는 매운 **떡볶이**가 좋아요.
2. **등굣길**에 친구를 만났어요.
3. 청소를 **깨끗이** 했어요.

| 설거지 | 눈곱 | 송곳니 | 빨간색 |

2장. (90p)

1. 이번에는 **반드시** 맞춤법 공부를 열심히 할 거예요.
2. 선생님이 어려운 문제를 **어떻게** 풀어야 하는지 알려 주셨어요.
3. 엄마가 나에게 어려운 수학 문제를 **가르쳐** 주셨어요.
4. 아빠가 나를 **업어** 주셨어요.
5. 택배를 **부치러** 우체국에 가요.

3장. (130p)

1. 전화벨이 **한 번** 울리더니 끊겼어요.
2. 이번 기회에 **한번** 도전해 보는 게 어때?
3. 어제 늦게까지 공부해서 **다음 날** 피곤했어.
4. **다음날** 만날 때는 더 재밌게 놀자!

오늘은 하늘이 유난히 **눈부셨다.** 눈 부셨다
지희랑 같이 놀기로 했는데, 약속을 잊고 혼자 놀러 갔다고
한다. 처음엔 정말 화가 났지만, 너무 **못 되게** 굴면 안 될 것
같아 그냥 웃어넘겼다. 그래도 다음엔 꼭 기억해 줬으면
좋겠다.   못되게

130만 유튜버 탁주쪼꼬
첫 번째 오리지널 시리즈

진짜 탁주쪼꼬의 세계,
지금 시작합니다!

원작 탁주 쪼꼬 | 만화구성 최진규 | 게임 콘텐츠 및 감수 오규환 교수 | 값 15,000원

추천해요!

탁주쪼꼬의 게임 속 모험을
그대로 즐기고 싶다면!

직접 코딩하며
크리에이터로 성장하는
특별한 경험을 하고 싶다면!

함께 배우는 게임 팁과
탁주쪼꼬가 직접 선별한
추천 게임이 궁금하다면!

서울문화사 로블록스 추천도서

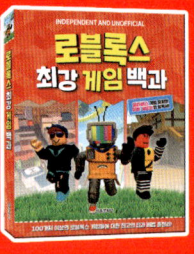

❶ **로블록스 초보자 가이드**
뉴비를 위한 전문가의 리뷰

❷ **로블록스 최강 게임 백과**
로블록스 유저의 필독서

❸ **101 로블록스 스페셜 가이드**
로블록스 유저를 위한 스페셜 가이드

ⓒ탁주쪼꼬. ⓒSANDBOX NETWORK.

구입 문의 (02)791-0708 서울문화

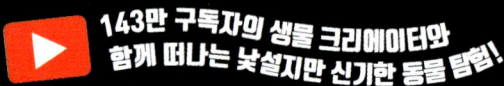

143만 구독자의 생물 크리에이터와
함께 떠나는 낯설지만 신기한 동물 탐험!

정브르의 이색 동물 일기

생물인 정브르,
독특한 동물을 찾아 떠나다!
브린이를 위한 정브르의 이색 동물 일기!

정브르의 일기 시리즈

ⓒ정브르. ⓒSANDBOX NETWORK.   구입 문의 (02)-791-0708

뚜식이

특별판 공포판 감동판 성장툰

뚜식이 특별판

뚜식이 공포판 · 뚜식이 감동판

웃음과 감동이 있는 뚜식이 책을 만나 보세요!

옐언니 옷입히기
반짝반짝 아이돌
종이 인형 💙
값 11,000원

옐언니
아핫!
수수께끼 💙
값 15,000원